I0059735

ÉTUDE

SUR LA

MORT CIVILE

ET LA NÉCESSITÉ

DE SON ABOLITION,

PAR

F. GENAUDET,

Avocat.

En tant que peine frappant des innocents, cette
interdiction est injuste ; en tant que peine frappant
les coupables, elle n'en est pas une ; enfin, en tant
que peine indirectement infamante, elle a tous les
vices de ce mode de punition.

Rossi, *Traité de Droit pénal*, chap. XI.

⋘◈⋙

LAON.

IMPRIMERIE DE ÉD. FLEURY ET AD. CHEVERGNY,
Rue Sérurier, 22

1854.

ÉTUDE

SUR LA

MORT CIVILE

ET LA NÉCESSITÉ

DE SON ABOLITION.

ÉTUDE

SUR LA

MORT CIVILE

ET LA NÉCESSITÉ

DE SON ABOLITION,

PAR

F. GENAUDET,

Avocat.

> En tant que peine frappant des innocents, cette
> interdiction est injuste ; en tant que peine frappant
> les coupables, elle n'en est pas une ; enfin, en tant
> que peine indirectement infamante ; elle a tous les
> vices de ce mode de punition.
>
> Rossi, *Traité de Droit pénal*, chap. XI.

LAON.

IMPRIMERIE DE ÉD. FLEURY ET AD. CHEVERGNY,

Rue Sérurier, 22.

1854.

DE L'ABOLITION

DE LA

MORT CIVILE.

Si l'on demandait à un homme du monde quels sont les effets produits par la mort civile, il éprouverait, sans aucun doute, un très-grand embarras à répondre; et cependant, de toutes les peines infligées par nos lois, il n'en est aucune qui, à ne considérer que son caractère moral, frappe le condamné d'une manière plus grave, plus absolue et en même temps plus irrémédiable. Mais ce qui fait qu'elle n'attire pas les regards du critique et de l'observateur, et qu'elle est, pour ainsi dire, du domaine exclusif des gens de loi, c'est qu'elle n'ap ·

1

paraît pas sous une forme distincte et détachée, mais comme l'accessoire de certaines peines dont elle est la conséquence. Le juge ne la prononce même pas : Effet de toute condamnation contradictoire ou par coutumace, soit à la mort naturelle, soit aux travaux forcés à perpétuité, elle atteint par la seule puissance de la loi non seulement le condamné dont elle anéantit la personne civile et qu'elle dépouille de ses biens, mais encore sa famille tout entière, car elle réduit sa femme à la condition de concubine et ses enfants à l'état de bâtards. Elle consiste dans la privation des droits qui font de l'homme un membre actif de la cité et de la famille. Elle est l'image de la mort naturelle, puisque de même que celle-ci retranche l'homme du sein de ses semblables, de même la mort civile rompt tous les liens qui l'unissaient à la société, pour ne laisser subsister en lui que l'état de nature et avec l'existence purement physique les moyens de la garantir et de la conserver.

En présence du caractère de modération et d'humanité qui distingue la législation pénale française, quand, par la seule influence des mœurs, on est arrivé à comprendre la nécessité de supprimer dans les peines tout ce qui en détruisait la portée morale par l'appareil d'une cruauté inutile, n'a-t-on pas le droit de s'étonner qu'on ait laissé subsister dans nos codes, jusqu'à ce jour, une disposition odieuse, si contraire à la fois aux règles d'une justice exacte et aux enseignements de la plus simple morale? Cette vérité a besoin d'être rendue sensible par la démonstration même des effets que produit la mort civile. Il convient d'ailleurs de ne point oublier qu'elle porte avec elle l'autorité de la loi et qu'il n'est permis de l'attaquer et d'en demander la réforme qu'à la condition d'en bien faire comprendre les vices et les abus.

La mort civile est un emprunt fait à la législation romaine : à Rome, la déportation dans une île, la condamnation au travail des mines, l'interdiction de l'eau et du feu entraînaient la privation absolue des droits de cité. Les condamnés désignés sous le nom d'APOLLIDES ou d'*extorres*, devenaient les esclaves de la peine, et telle était la puissance du lien qui les retenait dans cette sorte d'esclavage (*servitus pœnæ*) que les libéralités à eux faites par testament à autre titre qu'à titre d'aliments étaient considérées comme non écrites et ne profitaient point au fisc. La raison que les jurisconsultes romains en donnent est qu'ils sont les esclaves de la peine et non pas de César (1).

(1) *Nam pœnæ servus est, non Cæsaris. Dig. L. 5 in pr. supr. de his quæ pro non scrip.*

La peine s'emparant du condamné, *supplicio possidente damnatum* (1), se l'attachant comme un esclave et le retranchant du nombre des citoyens romains, ne laissait exister aucun des rapports qui unissent l'homme à la société par la réciprocité des obligations et des droits. Son mariage était dissous, il perdait le droit de puissance paternelle; ses biens étaient confisqués ou abandonnés à ses créanciers, lorsqu'ils avaient peu d'importance. Incapables de faire un testament, ils étaient aussi incapables de recevoir. Tels étaient les effets principaux de la mort civile sous les empereurs romains, lorsque Justinien, animé par une généreuse pensée de réforme supprima l'esclavage de la peine, ne voulant pas permettre qu'un citoyen né libre pût devenir esclave par le seul effet du supplice (2). Il voulut aussi le maintien du mariage dont les liens continuèrent à subsister comme entre personnes libres (3). Il faut dire à la louange des empereurs qui l'ont précédé qu'un adoucissement avait été apporté déjà à la rigueur des effets de la mort civile, en ce qui touche le mariage, et que, sous l'empereur Alexandre Sévère, l'union des époux n'était point dis-

---

(1) Novelle XXII, cap. VIII, *de servitute pœnæ.*
(2) Novelle XXII, cap VIII *de servitude pœnæ.*
(3) Novelle XXII, cap. VII *de servitute pœnæ.*

soute par la déportation ou par l'interdiction de l'eau et
du feu, lorsque le crime dont le mari s'était rendu coupable n'était pas de nature à lui aliéner l'affection de sa
femme (1). Qui le croirait! la législation française a pris
à la jurisprudence romaine la mort civile avec tout
l'excès de ses sévérités, sans admettre aucun des tem-
péraments d'équité introduits par les empereurs romains
dans cette institution vraiment barbare. Justinien avait
senti, au sixième siècle de l'ère chrétienne, toute la
honte de la confiscation, et voulant soustraire ce qu'il
appelle la substance des condamnés, c'est-à-dire leurs
biens, à l'avidité des juges ou aux exigences du fisc, il
en avait fait l'attribution à leurs descendants et à leurs
ascendants jusqu'au troisième degré (2). Si, aujourd'hui,
en France, il est loisible au chef de l'Etat de faire au
profit de la veuve, des enfants ou parents du condamné,
telles dispositions que l'humanité lui suggère, ce n'est
là qu'une générosité dont la loi n'entend pas prendre
l'initiative et qu'elle remet comme un privilége d'excep-
tion à la clémence du souverain.

Dans l'ancien droit criminel français, la mort civile
était produite par une condamnation capitale, par le

(1) Code, tit. XVII, *de repudiis.*
(2) Novelle 156, chap. XIII.

bannissement à perpétuité hors du royaume et par la condamnation aux galères perpétuelles. Quant à la condamnation à la prison perpétuelle qui s'exécutait par la détention dans une maison de force, elle entraînait aussi la mort civile. Les peines perpétuelles qu'énumère l'ordonnance criminelle du 16 août 1670, n'étaient pas la seule cause qui dépouillât les personnes de leur capacité civile : la profession solennelle en religion était une espèce de mort civile ; elle faisait perdre les droits de famille et de succession et rendait incapable des fonctions publiques. Mais au moins, dans ce cas, les effets de la mort civile étaient-ils rachetés par la grandeur du sacrifice à Dieu, tandis que l'infamie de celle qui arrive par la peine n'a rien pour excuse. En 1639, Louis XIII ne trouva rien de mieux à faire pour arrêter par l'intimidation le débordement des mœurs et empêcher les crimes de rapt qui servaient le plus souvent de moyens et de degrés pour parvenir à des mariages avantageux, que de frapper d'une espèce de mort civile les « veu-« ves, fils et filles, moindres de vingt-cinq ans qui « auraient contracté mariage contre la teneur des « ordonnances, privés et déchus par le seul fait, en-« semble les enfants qui en naîtront et leurs hoirs, « indignes et incapables à jamais des successions de « leurs pères, mères et aïeuls et de toutes autres direc-

« tes et collatérales : comme aussi des droits et avanta-
« ges qui pourraient leur être acquis par contrats de
« mariage et testaments, par les coutumes et loi du
« royaume, même du droit de légitime, etc. (1). » Il
faut reconnaître que le remède dépassait de beaucoup la
portée du mal. C'était poursuivre à travers les généra-
tions futures le châtiment d'une faute personnelle. Toute
peine qui frappe les non-coupables est inique et indigne
d'un siècle éclairé.

On devait attendre des premières assemblées de la
révolution qui étaient entrées si largement dans la voie
des réformes, l'abolition de la mort civile. Déjà l'assemblée constituante, par un décret du 21 janvier 1790,
avait proclamé ce noble principe que « les délits et les
« crimes étant personnels, le supplice d'un coupabl: et
« les condamnations infamantes quelconques n'impri-
« ment aucune flétrissure à sa famille; l'honneur de
« ceux qui lui appartiennent n'est nullement entaché !... »
La même assemblée, il est vrai, supprima la mort civile,
pour la remplacer, ce qui était juste, par une déchéance
de tous les droits attachés à la qualité de citoyen actif,
déchéance de laquelle le condamné pouvait être relevé
par la réhabilitation (2) ; mais les passions révolution

(1) Déclaration du 26 novembre 1639.
(2) Code pénal, 25 sept. 1791, 1re partie, tit. I, art. 1-8.

naires, en exaltant les âmes, étouffèrent en elles la voix
de la justice et de l'humanité et ne leur permirent pas
de mûrir et de développer tous les germes de cette ar-
dente philantropie qui avait inspiré les premiers actes
de la révolution. C'est ainsi que les colères soulevées
par l'émigration dans le sein de la convention nationale
ne purent trouver à se satisfaire qu'en créant un cas
nouveau de mort civile : le 28 mars 1793, parut un
décret dont l'article premier est ainsi conçu : « Les
« émigrés sont bannis à perpétuité du territoire français;
« ils sont morts civilement; leurs biens sont acquis à la
« république. »

Il ne paraît pas que dans les discussions qui s'élevè-
rent au sein du conseil d'état, lors de la rédaction du
titre premier du code civil, aucun des membres émi-
nents qui le composaient alors ait combattu le principe
de la mort civile. Il passa sans effort dans les dispositions du projet de loi, et personne ne songea à signaler
la barbarie et l'étrangeté de cette fiction qui assimile un
homme vivant à un homme mort. Quelques-uns des effets
de cette institution, seulement, y furent l'objet de difficultés sérieuses, sur lesquelles la puissante raison et
l'admirable perspicacité du premier consul jetèrent de
vives lumières. C'est surtout en ce qui touche la dissolution du mariage civil qu'il lutta avec le plus d'énergie

et fit entendre des paroles qui prouvent à quel point le
sentiment moral existait en lui : « la société est assez
« vengée par la condamnation, disait-il, à la séance du
« six thermidor an 9 , lorsque le coupable est privé de
« ses biens , lorsqu'il se trouve séparé de ses amis , de
« ses habitudes. Faut-il étendre la peine jusqu'à la
« femme , et l'arracher avec violence à une union qui
« identifie son existence avec celle de son époux ? Elle
« vous dirait : mieux valait lui ôter la vie; du moins,
« me serait-il permis de chérir sa mémoire ; mais vous
« ordonnez qu'il vivra et vous ne voulez pas que je le
« console ! Eh! combien d'hommes ne sont coupables
« qu'à cause de leur faiblesse pour leurs femmes ! Qu'il
« soit donc permis à celles qui ont causé leurs malheurs,
« de les adoucir en les partageant. Si une femme satis-
« fait à ce devoir, vous estimerez sa vertu ; et cepen-
« dant, vous ne mettez aucune différence entre elle et
« l'être infame qui se prostitue. » Ces paroles eurent du
retentissement dans le tribunat où l'opposition fut très-
vive : la commission chargée de l'examen du projet de
loi relatif à la jouissance et à la privation des droits
civils en proposa le rejet à cause des dispositions qu'il
contenait en faveur de la mort civile. Elle éprouvait une
insurmontable répulsion pour une peine qui ne craint
pas de jeter la flétrissure et le déshonneur sur la famille

du condamné, en abaissant à la condition du concubi-
nage une union que la loi et les prières de l'église
avaient sanctionnée, en privant les enfants de leur état
d'enfants légitimes, pour les confondre avec les fruits
d'un honteux libertinage?

Il semble qu'en attachant à la mort civile l'effet de
rompre le contrat de mariage, le législateur de 1803,
ait été surtout déterminé par cette considération que du
moment où l'on séparait dans le mariage le contrat du
sacrement, le principe civil du principe religieux, il
y aurait contradiction que le contrat pût survivre à la
mort civile de l'un des époux. Ce motif est loin de satisfaire, quand on songe que la mort civile n'est qu'une
fiction et que la loi qui la crée est libre de l'étendre ou
de la resserrer à sa volonté, sans être tenue de suivre
rigoureusement la chaîne des conséquences qui ont
leur logique dans la réalité Sans doute, l'institution du
mariage est de droit civil, mais n'est-elle pas aussi de
droit naturel? Si les différents peuples se sont appliqués
à en régler les formes et les conditions, ils n'ont fait
que suivre le modèle que la loi naturelle et morale leur
traçait. C'est elle en effet qui, plus sûrement que la loi
positive, fortifie l'union conjugale par l'habitude, par
le sentiment du devoir qui crée la durée des liens et par
l'attachement des enfants. Rompre le mariage de l'époux

mort civilement, ce n'est pas seulement aller contre l'esprit de l'église, ce n'est pas seulement détruire un pur effet des lois civiles, c'est violer la loi morale, c'est déshonorer une œuvre qu'on devait essentiellement protéger. Il est impossible de se défendre d'un profond étonnement quand on songe que ce sont précisément les rédacteurs d'un code qui passe pour un des chefs-d'œuvre de notre civilisation qui ont consacré cette violation par un texte formel de loi, ce qui fait dire à un publiciste illustre (1) que « la mort civile est dans les législa- « tions modernes un de ces anachronismes qui doivent « mettre les critiques en grande méfiance d'eux-mêmes, « lorsqu'ils essayent de déterminer la date d'une loi « d'après la nature de ses dispositions. Qui pourrait « croire, ajoute-t-il, que le titre premier du code civil fran- « çais a été promulgué au commencement du XIXᵉ siècle, « quinze ans après 1789? »

En 1816, le divorce est aboli comme contraire aux vrais principes de la morale. A ce titre, la mort civile n'était-elle pas digne que l'on commençât par elle cette réforme ! Sans doute le divorce est contraire à la loi morale; il blesse le précepte religieux : *quod ergo Deus conjunxit, homo non separet.* Mais on le comprend

_____

(1) Rossi, *Traité du droit pénal*, chap. XI.

comme le remède héroïque et nécessaire d'un mal devenu insupportable, tandis qu'on ne peut s'expliquer
que, par le seul effet d'une peine qui laisse vivre le
condamné, les liens du mariage soient brisés, au mépris
de la tendresse d'une épouse qui pardonne et d'un
dévouement qui veut consoler.

Lors de la révision du code pénal de 1832, la plupart
des orateurs qui prirent la parole dans la discussion du
projet de loi s'empressèrent de reconnaître que les conséquences de la mort civile n'étaient pas du tout à
l'unisson de nos mœurs et de notre civilisation. M. le
duc Decazes faisait à la tribune de la chambre des pairs
cette déclaration que, s'il avait à voter la mort civile
comme une disposition nouvelle, il lui serait impossible
de consentir à la laisser introduire dans notre législation, et que, s'il s'abstenait alors d'en proposer par amen-
dement la suppression, c'est parce qu'il avait reçu l'as-
surance que le gouvernement était dans l'intention de
proposer une mesure législative à cet égard. Le garde-
des-sceaux lui-même admettant la nécessité de modifier
la législation sur la mort civile, promettait de présenter
aux chambres, dans une session prochaine, une loi sur
cette grave question. En dehors des assemblées politiques, les cours royales auxquelles le gouvernement
avait soumis l'examen du projet qui contenait l'abroga-

tion de la mort civile, s'étaient empressées d'adopter cette généreuse pensée de réforme, en approuvant le projet. La seule objection, en un mot, qu'on se sentit le courage de faire à ceux qui en demandaient la suppression, fut que ce n'était pas à l'occasion d'une loi sur le code pénal qu'il fallait porter atteinte à une disposition du code civil. A vrai dire, cette objection n'avait pas un caractère sérieux; car rien n'eût empêché qu'en même temps qu'on revisait le code pénal, on retranchât, sur la proposition du gouvernement, les dispositions relatives à la mort civile. L'économie de ce code n'en aurait nullement souffert, ces dispositions, loin d'être disséminées, se trouvant au contraire groupées dans une section spéciale, à peu d'exceptions près.

Depuis 1832, la mort civile a subi dans le sein de nos assemblées de vives attaques qui, si elles ne sont pas parvenues à l'effacer de nos codes, ont du moins jeté sur elle un discrédit qui aidera beaucoup à la faire disparaître.

En 1834, une proposition sur l'abolition de la mort civile fut présentée à la chambre des députés par MM. Devaux et Taillandier. Cette proposition, prise en considération et soumise à l'examen d'une commission, fut l'objet d'un rapport fort étendu dans la séance du quinze février. Cette proposition substituait à la mort

civile l'interdiction légale et la dégradation civique qui
ne frappent les condamnés que d'une incapacité res-
treinte. Bien que la commission, tout en adoptant le
principe de la proposition de MM. Devaux et Taillandier,
fût d'avis d'augmenter pour les condamnés à des peines
perpétuelles les incapacités que les articles 28 et sui-
vants du code pénal attachent à l'interdiction légale et
à la dégradation civique, cependant la proposition, ainsi
amendée, fut rejetée après discussion, et l'espoir un instant conçu par les nombreux partisans d'une pénalité
sage, morale et juste, se trouva de nouveau détruit.

Il importe de constater encore une tentative faite,
en 1849, par M. Wallon, membre de l'assemblée législative. Il saisit cette assemblée d'une proposition ten-
dante à l'abolition entière de la mort civile et qui eut
l'assentiment presque unanime de la commission d'initiative parlementaire, suivant le rapport déposé par
M. Moulin, le 15 décembre 1849.

Il faut arriver en 1850 pour signaler une conquête
sérieuse sur la mort civile. La question de sa suppression se présentait à l'assemblée législative sous deux
formes différentes. M. Wallon, d'un côté, en avait
demandé l'abolition entière; de l'autre, un projet de loi
dans lequel cette institution était partiellement suppri-
mée avait été soumis à l'assemblée sur la déportation.

La commission fut d'avis unanime que, sans attendre la loi qui pourrait sortir de la proposition de M. Wallon, il y avait lieu de supprimer, au profit des déportés, la mort civile dont les rigueurs sont, à ses yeux, disait le rapporteur, « excessives et même odieuses à certains « égards. » Adoptant cet avis, l'assemblée législative a inséré dans la loi du 8 juin 1850, sous l'article 3, une disposition ainsi conçue : « En aucun cas, la condam- « nation à la déportation n'emporte la mort civile : elle « entraîne la dégradation civique. De plus, tant qu'une « loi nouvelle n'aura pas statué sur les effets civils des « peines perpétuelles, les déportés seront en état d'in- « terdiction légale, conformément aux articles 29 et 31 « du code pénal. »

Avant la loi du 8 juin 1850, il existait trois peines emportant la mort civile, la condamnation à la mort naturelle, les travaux forcés à perpétuité et la dépor-tation. En 1804, lorsque le code civil fut rédigé, il n'existait pas en France d'autre peine perpétuelle que la mort. C'est en 1810, lors de la confection du code pénal, que deux nouvelles peines perpétuelles furent créées, les travaux forcés à perpétuité et la déportation. Aujourd'hui, donc, deux peines perpétuelles seulement produisent la mort civile : la mort naturelle et les tra-vaux forcés à perpétuité.

Ce n'est pas seulement sous l'empire de la législation moderne que la mort civile a excité de profondes répulsions; ainsi, même dans l'ancien droit français, où, suivant l'expression de M. Portalis, le principe religieux de l'indissolubilité entraînait la continuation du mariage, et où, par conséquent, l'effet le plus odieux de cette peine n'était point pratiqué, elle avait plus d'une fois soulevé de vives protestations et d'énergiques résistances de la part des juridictions souveraines. L'arrêt du parlement de Toulouse sur la validité du testament de Bayle, le célèbre auteur du Dictionnaire historique et critique, est souvent cité comme un des exemples les plus solennels de cette résistance. On lit dans la biographie universelle, au mot Bayle : « Le parlement de Tou-
« louse reconnut la validité de son testament, malgré
« la loi qui annulait tous ceux des réfugiés. Un des
« juges, Senaux, représenta que les savants étaient de
« tous les pays; qu'il ne fallait pas regarder comme
« fugitif celui que l'amour des lettres avait appelé en
« d'autres contrées, et qu'il était indigne de traiter
« d'étranger celui que la France se glorifiait d'avoir
« produit. A ceux qui objectaient que Bayle était mort
« civilement, c'est, disait-il, pendant le cours même
« de cette mort civile, que son nom a obtenu le plus
« grand éclat dans toute l'Europe. »

Il est donc incontestable que, de tout temps, les
vœux les plus ardents ont été formés pour l'abrogation
de la mort civile. Mais il ne suffit pas, pour faire comprendre le mérite et l'utilité de ces vœux, d'avoir
exposé les diverses phases historiques de cette institution. Il importe maintenant d'en examiner toutes les
dispositions et tous les effets, sous l'empire de la loi
qui nous régit :

Par la mort civile, le condamné perd la propriété de
tous les biens qu'il possédait ; sa succession est ouverte
au profit de ses héritiers auxquels ses biens sont dévolus de la même manière que s'il était mort naturellement
et sans testament.

Il ne peut plus ni recueillir aucune succession, ni
transmettre à ce titre les biens qu'il a acquis par la suite.

Il ne peut ni disposer de ses biens, en tout ou en
partie, soit par donation entre vifs, soit par testament,
ni recevoir à ce titre, si ce n'est pour cause d'aliments.

Il ne peut être nommé tuteur, ni concourir aux opé-
rations relatives à la tutelle.

Il ne peut être témoin dans un acte solennel ou
authentique, ni être admis à porter témoignage en
justice.

Il ne peut procéder en justice, ni en défendant ni en
demandant, que sous le nom et par le ministère d'un

2

curateur spécial qui lui est nommé par le tribunal où l'action est portée.

Il est incapable de contracter un mariage qui produise aucun effet civil.

Le mariage qu'il avait contracté précédemment, est dissous, quant à tous ses effets civils.

Son époux et ses héritiers peuvent exercer respectivement les droits et les actions auxquels sa mort naturelle donnerait ouverture (1).

Il suffit de jeter les yeux sur l'économie de ces dispositions, pour se convaincre que la loi a strictement réduit l'individu frappé de mort civile aux seuls droits que comporte son existence naturelle. Il est homme et il vit; partant, il a droit à une certaine somme de facultés et d'avantages qu'il tient de sa qualité d'être vivant et dont la privation rendrait impossible l'accomplissement de sa destinée sur cette terre. Il vit et à ce titre on ne peut l'empêcher d'avoir des relations avec les autres hommes. Il doit donc jouir aussi des avanta ges et des facultés qui dérivent du droit des gens, ce qui faisait dire au jurisconsulte Marcianus : « *Deporta-* « *tus civitatem amittit et speciali quidem jure civitatis non* « *fruitur, jure tamen gentium utitur* (2). » Ainsi, le

(1) Article 25 du Code Napoléon.
(2) L. 15 ; Dig. De interd. et releg.

mort civil peut recevoir des libéralités, pourvu qu'elles soient faites dans la mesure nécessaire à pourvoir à ses besoins. Il lui est permis de se livrer au commerce, d'acheter, de vendre, échanger, prendre ou donner en location. Ce sont là des contrats qui relèvent directement du droit des gens. Les hommes les pratiquaient entre eux, bien avant l'établissement des lois positives, par le seul effet de ce besoin naturel qui les porte à se rapprocher et à s'entr'aider. La loi civile n'a fait que les sanctionner, en traçant les règles relatives à la manière de les former ou de les exécuter.

On s'est demandé si, pour assurer l'efficacité des engagements qu'il contracte en vertu du droit des gens, le mort civil pouvait les revêtir des formalités établies par la loi civile. S'il vend, lui sera-t-il permis de faire transcrire son contrat au bureau des hypothèques, afin de conserver son privilège de vendeur? N'aura-t-il, pour s'obliger, d'autres moyens que sa parole ou des actes sous seing privé et lui sera-t-il interdit de requérir les officiers publics chargés d'imprimer aux actes le caractère d'authenticité? Cette question est controversée. Doit-on dire avec Merlin (1) « qu'en lui conservant la « faculté qu'il tient du droit des gens, de contracter,

_____

(1) V°. *Mort civile*, § 1er, art. III, n° 5.

« de se faire rendre justice par les tribunaux, de rece-
« voir des aliments, la loi civile lui conserve nécessai-
« rement aussi le droit d'assurer l'exécution des con-
« trats qu'il passe, des jugements qu'il obtient, des
« legs alimentaires qui lui sont faits. » Le droit de prendre ou de donner hypothèque est sans doute l'accessoire
du contrat et devrait en suivre le sort; mais il ne faut
pas perdre de vue qu'il existe dans la personne du mort
civilement un état de lutte perpétuelle et d'antinomie
entre la réalité et la fiction, qui donne lieu à une alternative de vie ou de mort, suivant que l'on considère le
condamné sous l'un ou sous l'autre de ces deux aspects,
d'*homme* ou de *citoyen*, et que, de même qu'il est absolument vivant en tant qu'homme, il est absolument
mort, en tant que membre de la cité, et incapable par
conséquent de participer au droit civil. Lui permettre
de recourir aux formalités introduites par les lois,
« serait, dit Troplong, une participation au droit civil,
« et le mort civil ne peut porter ses prétentions jusque-
« là (1). » Voilà pourtant à quelle conséquence on arrive,
de refuser même au mort civilement les plus simples
garanties nécessaires au maintien de son existence
physique, lorsqu'on part d'un principe subversif de

(1) Troplong, *De la Vente*, T. 1er, n° 175.

l'ordre naturel et que l'on crée des fictions impossibles !

La prescription avec bonne foi ayant son origine dans l'équité naturelle et sa raison d'être dans « le bien de la « paix, qui, suivant l'expression de Puffendorf (1), « demandait qu'un possesseur de bonne foi ne fût pas « toujours exposé à se voir enlever ce qu'il a acquis à « juste titre; d'autant mieux qu'il est incomparablement « plus fâcheux d'être dépouillé d'une chose, après « l'avoir possédée de bonne foi, que de se résoudre à « ne recouvrer jamais une chose dont on s'est passé « longtemps et de la perte de laquelle on était déjà tout « consolé, » la prescription avec bonne foi peut être invoquée par le mort civilement, à l'effet d'acquérir et de se libérer. Quant à la prescription sans titre ni bonne foi, bien que son organisation se ressente de l'influence directe du droit civil, on décide que le mort civilement peut s'en prévaloir aussi, parce que cette prescription « a été introduite bien moins en faveur de celui qui « prescrit, qu'en haine de la négligence du père de « famille qui laisse perdre ses droits (2). » La loi entend « beaucoup moins favoriser le mort civil que punir le

---

(1) Puffendorf, *les Devoirs de l'homme et du citoyen*, traduction de Barbayrac, L. 1, chap. 12, § 12.

(2) Troplong, *De la Prescription*, T. 1, n° 33.

« propriétaire insouciant qui l'a laissé jouir, et le créan-
« cier oublieux qui n'a pas fait valoir son droit (1). »

Puisqu'il tient de Dieu sa qualité d'homme et que la
société particulière qui le rejette hors de son sein ne
peut la lui retrancher, puisqu'il continue à faire partie
de la grande famille humaine par la puissance du lien
que crée son existence naturelle, il semblerait que le
mort civilement ne devrait être privé que des seuls
bienfaits dérivant des lois propres à la nation dont il a
cessé d'être membre, et qu'il devrait au contraire jouir,
dans leur plénitude et leur indépendance, de tous les
avantages qui découlent de la qualité d'homme et du
pur droit des gens. Mais il n'en est point ainsi : la loi,
dans l'excès de ses rigueurs, non seulement l'exclut de
la participation aux droits civils, mais encore, lui vivant, le suppose mort naturellement et le dépouille de
tous ses biens. « Par la mort civile, dit le premier para-
« graphe de l'article vingt-cinq du code Napoléon, le
« condamné perd la propriété de tous les biens qu'il
« possédait ; sa succession est ouverte au profit de ses
« héritiers auxquels ses biens sont dévolus, de la même
« manière que s'il était mort naturellement et sans tes-
« tament. » Cette disposition est odieuse ; la loi, en

(1) Troplong, *De la Prescription*, T. 1, n° 56.

l'édictant, a violé sa mission et manqué à son but qui
consiste dans la conservation des droits naturels et im-
prescriptibles de l'homme, au nombre desquels figure
la propriété. Tant qu'un homme vit, cet homme fût-il
un scélérat, la loi doit respecter ses biens. Il ne lui appartient pas d'effacer l'empreinte individuelle dont il a
marqué les objets extérieurs, en vertu de la faculté
d'appropriation qu'il tient de ses instincts de nature ou
qui dérive de la loi du travail. Le législateur, sans doute,
peut régler l'usage de la propriété, déterminer les mo-
des de l'acquérir ou de la transmettre; il lui appartient
même, lorsque la mort naturelle est venue rompre tous
les liens entre le possesseur et la chose possédée, de
donner à cette chose une destination; mais jusque-là,
sa mission est de protéger, non d'abolir et de dépouiller.
Que par une fiction légale, un grand coupable, condamné
à une peine perpétuelle, soit réputé mort au regard des
lois civiles et politiques du pays qu'il a souillé par ses
crimes, qu'il ne puisse participer à aucun des bienfaits
que confèrent ces lois, on le comprend; mais que la loi
aille jusqu'à introduire l'œuvre et l'action de la mort
dans le sein même de la vie, qu'elle convoque la con-
voitise des héritiers à capter la succession d'un homme
qui a de longues années à vivre encore, comme si cet
homme n'était déjà plus, c'est là une de ces mons-

truosités qui révoltent à la fois le sens moral et la raison.

En vain dirait-on, pour essayer de justifier cette
disposition exorbitante, que dès qu'un homme est condamné à une peine qui doit le priver perpétuellement
de sa liberté et paralyser ainsi, pour toujours, ses mou-
vements et son action, il y aurait les plus graves inconvénients à laisser dans une longue administration provisoire les biens qu'il possède. Mieux vaut le considérer
comme mort et déclarer sa succession ouverte, dans la
crainte de compromettre les intérêts de la famille, en
les livrant, pendant un nombre indéfini d'années à une
gestion qui, quelque vigilante qu'elle soit, n'apportera
jamais à la garde des biens qui lui sont confiés la solli-
citude et l'activité d'un propriétaire. Cette administration provisoire, dont il ne faut pas exagérer les inconvénients, ne serait pas chose nouvelle dans notre
législation. Le code civil et le code pénal en donnent
chacun un exemple : l'homme qui a le malheur d'être
frappé de démence ou d'imbécillité, n'est-il pas placé par
la loi dans les liens d'une interdiction absolue ? Assimilé
au mineur pour sa personne et pour ses biens, il ne
peut faire aucun acte d'autorité ni de disposition. Dans
un autre ordre d'idées et de personnes, ne voyons-nous
pas l'*interdiction légale* devenir l'état des individus condamnés à certaines peines temporaires ? « Quiconque,

« dit l'article 29 du code pénal, aura été condamné à
« la peine des travaux forcés à temps, de la détention
« ou de la réclusion, sera, de plus, pendant la durée
« de sa peine, en état d'interdiction légale ; il lui sera
« nommé un tuteur et un subrogé-tuteur pour gérer et
« administrer ses biens, dans les formes prescrites pour
« les nominations des tuteurs et subrogés-tuteurs aux
« interdits. » Et l'article 30 ajoute : « Les biens du con-
« damné lui seront remis après qu'il aura subi sa peine,
« et le tuteur lui rendra compte de son administration. »

Aucun inconvénient n'a signalé jusqu'ici cette mesure
comme dangereuse ou préjudiciable soit aux intérêts du
condamné, soit aux intérêts de ceux destinés à recueillir
sa succession. Et cependant la peine des travaux forcés
à temps est souvent portée au maximum de vingt années,
ce qui embrasse la durée de la vie d'un grand nombre
de condamnés ; et si l'on songe que les récidivistes, précédemment condamnés à la peine des travaux forcés à
temps, peuvent être pour un second crime emportant la
même peine, condamnés au double du maximum, c'est-
à-dire à quarante ans, il n'y a aucune différence à faire
entre une pareille peine et une peine perpétuelle, et leurs
effets légaux peuvent se confondre.

D'ailleurs, est-il bien exact de dire, en présence du
caractère de modération des mœurs françaises, qu'il

existe, indépendamment de la peine de mort, des peines que l'on doive appeler perpétuelles, dans l'acception rigoureuse du mot et dans la pratique constante du châtiment? Non, sans doute. Il n'est pas rare que des condamnés aux travaux forcés à perpétuité obtiennent de la clémence du souverain la remise de leur peine, et qu'ils aient la consolation de voir briser leurs fers après un certain nombre d'années consacrées à l'expiation du crime et à l'épreuve du repentir. Ah ! combien la liberté qui leur est rendue leur paraîtrait plus douce, si leur retour n'était point attristé par le spectacle des liens de famille rompus, de leur femme remariée, d'héritiers inconnus en possession de leurs biens !

Les biens de la personne frappée de mort civile sont transmis à ses héritiers légitimes, de la même manière que si elle était morte naturellement et sans testament. La loi ne lui reconnaît pas le droit de faire un testament valable, quelle que soit d'ailleurs l'époque à laquelle remonte la confection de ce testament. Supposons un individu dont le testament est fait depuis plusieurs années. Il se rend coupable d'un crime qui le place sous le coup d'une accusation grave. Traduit devant la cour d'assises, il est condamné aux travaux forcés à perpétuité. Il entre au bagne et il est mort civilement. Sa succession est ouverte, mais son testament est nul. Quelle on est la cause? Est-ce parce qu'il faut avoir, ainsi que disent les auteurs (1), pour la validité de cet acte, la capacité de tester au moment de la confection du testament et au moment de la mort, et que celui que la mort civile vient frapper ne peut pas avoir cette seconde capacité? Mais le condamné est aussi capable lors de sa mort civile, que toute autre personne l'est au moment de sa mort naturelle. L'instant qui précède l'exécution de la condamnation, par laquelle la mort civile est encourue, trouve le condamné vivant de la vie civile. Dire qu'il est déjà incapable par l'effet de la mort civile, lorsqu'il est atteint par elle, c'est faire produire un effet à une cause qui n'existe point encore. C'est donc par un autre motif que par celui de l'incapacité, qu'il faut expliquer la nullité du testament fait par le condamné, même avant l'exécution de la condamnation qui emporte la mort civile. Ce motif, un auteur qui a publié, en 1755, un traité de la mort civile, Richer, l'indique dans des termes qui sont ainsi conçus : « Il faut faire attention que « la capacité de tester et la validité des testaments sont « des émanations de la loi civile, et ne peuvent dès lors « appartenir qu'à ceux qu'elle favorise; or, peut-on

_____

(1) Toullier, T. 1er, no 281. Merlin, rép. vo *Mort civile*, § 1er, art. 3, no 1er.

« dire qu'elle favorise l'homme qu'elle condamne à la
« porte de tous ses droits? Lorsqu'on dit que le testa-
« teur doit être capable, cela ne signifie autre chose
« sinon qu'il doit être sous la protection de la loi ; or,
« peut-on dire qu'un homme qui meurt civilement, soit
« sous la protection de la loi? Par rapport à l'argument
« tiré de la comparaison des religieux, nous répondons
« qu'il faut distinguer les deux espèces de mort civile.
« Celle du condamné est une peine qui rend indigne des
« avantages du citoyen..... Au contraire , celui qui fait
« profession en religion est digne de toutes sortes de
« faveurs (1). »

Il appartenait, sans doute, à la loi, de refuser au mort
civilement la faveur de tester ; mais quand on songe que
ce n'est pas le condamné qui souffre de cette interdiction,
car que lui importe , après tout , le sort d'une fortune
dont il lui est impossible de jouir? mais bien ceux qu'il
voulait avantager et envers lesquels il pouvait être en-
chaîné par le devoir de la reconnaissance et par les liens
de quelque grand service rendu ; quand on songe que le
testament que la loi frappe de nullité avait peut-être
pour objet la réparation d'une faute ou d'un crime, on ne
peut s'empêcher de se demander pourquoi le législateur

(1) Richer , *Traité de la mort civile*, p. 478 à 480.

s'est laissé émouvoir par des considérations relatives
à la personne du condamné, plutôt que d'être touché
par l'intérêt du légataire?

Le mort civilement n'ayant plus de famille, ayant cessé
d'être père, fils, mari, parent, est incapable de recueillir aucune succession ouverte postérieurement à sa mort
civile. Réciproquement, il ne peut transmettre, à titre de
succession, les biens qu'il a acquis par la suite. Lorsqu'arrive son décès, sa succession est celle d'un homme
qui meurt sans laisser d'héritiers; c'est-à-dire qu'elle
est en déshérence, et c'est, en effet, par droit de déshérence que les biens dont il se trouve en possession au
jour de sa mort naturelle, appartiennent à l'Etat (1). Au
moment où s'exécute la condamnation qui emporte mort
civile pour un individu, cet individu expire pour la loi
civile et ses enfants recueillent l'héritage d'un père qui
n'est plus. La mort naturelle arrivera plus tard, mais
comme un évènement sans valeur ni portée. Son œuvre
est faite en grande partie; car la loi a déjà tari dans la
personne du condamné toutes les sources de la vie
morale et l'a rendu méconnaissable à sa famille et à la
société. On sent à quelles conséquences immorales et
désastreuses une pareille législation peut conduire. Que

(1) Code Napol. art. 33.

deviennent les gages du respect des enfants pour leur
père? Maîtres de ses biens du jour de sa mort civile, ils
sont vis-à-vis de lui dans un état d'indépendance absolue;
les liens naturels subsistent sans doute encore, mais ils
ne tardent pas à se relâcher devant cette perspective
d'un avenir que la loi a fermé, qui ne promet rien ou
qui plutôt ne laisse entrevoir que des sacrifices pour un
homme qui se souviendra d'avoir été leur père et viendra
leur demander des aliments.

Des auteurs graves vont jusqu'à prétendre que si les
liens de la nature ne sont pas rompus par la loi, la loi
du moins ne les reconnaît pas; d'où il suit qu'ils ne peuvent constituer que des devoirs pour l'accomplissement
desquels il n'y a pas de contrainte. Aussi, ajoute un de
ces auteurs, la loi dit-elle simplement que celui qui est
mort civilement peut *recevoir* des aliments et non qu'il
peut en *demander* (1). M. Bugnet professe que l'action en
justice pour exiger des aliments, appartenant au droit
civil, ne peut compéter à celui qui est mort aux yeux de
la loi civile. On sent qu'une loi qui permet à une pareille
question de s'agiter, fait tache dans le code et doit en
être effacée.

Quel que soit le ménagement des expressions dont se

(1) Achille Renaud, p. 138.

sert la loi pour donner à l'Etat la propriété des biens dont le condamné se trouve en possession au jour de son décès, cette disposition n'en est pas moins une véritable confiscation. En 1832, M. le duc Decazes n'hésitait pas à la qualifier ainsi du haut de la tribune de la chambre des pairs. La confiscation, en effet, n'est autre chose que l'attribution au fisc de tout ou partie des biens appartenant aux personnes condamnées pour certains crimes ou délits. D'origine romaine, elle est arrivée jusqu'à nous, et on la rencontre en France, dès le commencement de la monarchie. Abolie par la loi du 21 janvier 1790; rétablie par les lois des 30 août 1792; 19 mars 1703 et 1er brumaire an 2, pour les crimes attentatoires à la sûreté générale de l'Etat et pour celui de la fausse monnaie; maintenue par le code pénal de 1810, elle a été abrogée sans retour par la charte de 1814, art. 66, et par la constitution de 1848, art. 12, qui a déclaré qu'elle ne pourrait jamais être rétablie. Il y aurait lieu d'être surpris que, malgré la proscription dont elle a été l'objet, elle ait pu subsister jusqu'à nos jours dans le code civil, à la faveur d'un déguisement, si l'on ne songeait qu'en France on a la malheureuse habitude de se prendre à l'illusion des mots, plutôt qu'à la réalité des choses. Il est vrai que pour atténuer la portée de cette peine odieuse, l'article 33 du code;

tout en attribuant à l'Etat la propriété des biens du condamné, donne au souverain la faculté de faire au profit
de la veuve, des enfants ou parents de ce condamné,
telles dispositions que l'humanité lui suggère; mais
outre qu'il est étrange que l'on reconnaisse au souverain
le droit de disposer des biens de l'Etat, il n'en est pas
moins vrai que la loi continue à consacrer le principe de
la confiscation, après l'avoir aboli dans les circonstances
les plus solennelles.

La conséquence la plus grave de la mort civile, c'est
la dissolution du mariage que le condamné avait contracté précédemment. Cette dissolution n'a pas seulement
pour objet de faire cesser les effets civils du mariage;
elle en brise le lien, de telle sorte que la femme du condamné, devenue libre, peut contracter une nouvelle union.
Si l'église ne la consacre pas, si la loi naturelle soulève
dans la conscience de l'épouse un remords d'adultère,
la loi civile la rassure contre ses scrupules et l'autorise
à violer le respect de la foi jurée. Il n'en était pas de
même dans l'ancien droit : les trois contrats sous l'aspect
desquels le mariage peut être considéré, le contrat
naturel, le contrat religieux et le contrat civil, formaient
entre eux une alliance étroite et indissoluble, se forti-
fiant l'un par l'autre et entourant le mariage d'une
triple auréole qui le rendait inviolable. Les ordonnances

de nos rois en avaient fait un sacrement et en parlaient avec le respect dû aux choses saintes. « Les rois, nos « prédécesseurs, dit Louis XIII, dans la déclaration « de 1639, ont voulu que les mariages fussent publi- « quement célébrés en face de l'église, avec toutes les « justes solennités et les cérémonies qui ont été pres- « crites comme essentielles par les saints conciles, et « par eux déclarées être non seulement de la nécessité « du précepte, mais encore de la nécessité du sacre- « ment. » Jusqu'à la constitution du 3 septembre 1791, l'alliance du contrat religieux et du contrat civil ayant toujours subsisté dans le mariage, la religion et la loi concourant également à le former, la loi seule, comme le faisait remarquer un des orateurs du tribunat, ne pouvait pas rompre des nœuds qu'elle seule n'avait pas tissus. Mais du jour où le législateur a rendu le contrat civil indépendant du sacrement, du jour où il a déclaré qu'il ne considérait le mariage que comme un contrat civil dont il attribue la célébration aux officiers publics établis par lui, de ce jour, le mariage est descendu de la sphère religieuse qu'il occupait, pour tomber dans le domaine exclusif de la loi positive qui le respecte ou le brise à son gré. Sans doute, le législateur a pu dire et a dit dans le décret du 20 septembre 1792 (1), destiné

(1) Titre VI, art. 8.

3

à déterminer le mode de constater l'état civil des citoyens, qu'il n'entendait ni innover, ni nuire à la liberté qu'ont tous les citoyens de consacrer les naissances, mariages et décès, par les cérémonies du culte auquel ils sont attachés et par l'intervention des ministres de ce culte ; mais ce n'est là qu'un vain témoignage de déférence pour une église dont on ne se borne pas à se séparer, mais dont on viole ouvertement les préceptes et les lois.

Il y a des lois qui, bien qu'elles ne soient pas tout-à-fait conformes à la morale, ont du moins leur raison d'être dans la disposition des caractères et des mœurs qui distinguent le peuple pour qui elles ont été faites. Mais à quel besoin des mœurs répond la dissolution du mariage par l'effet de la mort civile ? Est-il en France beaucoup de femmes assez peu attachées à leurs devoirs, assez incapables de dévouement au malheur, même quand ce malheur est le résultat d'un crime, pour profiter de la faculté que la loi leur donne, renier le père de leurs enfants et afficher le scandale d'une femme à deux maris ? Pour emprunter le langage de Marcadé (1), « qu'aurait-on dit, si, en 1830, l'épouse d'un des mi- « nistres du roi Charles X, oubliant ses devoirs au

(1) *Cours de Droit civil*, 1er vol. p. 156.

« moment où ils devenaient plus sacrés, eût abandonné
« son époux, pour aller former ailleurs une union adul-
« tère et méprisable, mais que le code autorisait
« pourtant? » Depuis l'abolition du divorce, c'est-à-
dire depuis 1816, la séparation de corps qui, sans
dissoudre l'union des époux, les dégage seulement de
l'obligation de vivre en commun n'a-t-elle pas suffi
comme remède aux impatiences et aux antipathies con-
jugales? Que si même la femme répugne de continuer à
associer sa vie à celle d'un époux frappé d'une condamnation à une peine infamante, ne trouve-t-elle pas dans
la séparation de corps un préservatif assez efficace contre le contact de l'homme qui lui est devenu odieux par
ses crimes (1)? Où donc est la nécessité de faire disparaître le lien et de donner à l'époux une liberté que sa
religion condamne, que sa conscience réprouve et contre
laquelle proteste l'opinion publique elle-même?

Une peine qui entraîne après elle de pareils effets n'a
pas seulement pour défaut d'être immorale : elle manque
le but qu'elle voulait atteindre. La gravité des peines,
en effet, doit être en raison directe de la perversité des
coupables. Or, voit-on beaucoup de grands criminels
susceptibles d'être atteints dans les affections et les

(1) *Code Napoléon*, art. 232.

habitudes de la famille ! Peuvent-ils être sensibles à une peine qui consiste dans la dissolution du mariage ou dans la perte de la puissance paternelle, ces êtres démoralisés qui n'ont jamais donné leur nom à une femme, ni les soins d'un père à leurs enfants et n'ont connu que ces unions passagères, fruits de la débauche et du hasard, qui ne laissent après elles que la misère et le malheur ! La mort civile n'ajoutera rien pour eux à la peine dont elle est l'accessoire, tandis que, rompant toute égalité entre les coupables et la manière de les frapper, elle deviendra peut-être l'aggravation la plus intolérable du supplice de ceux qui ont conservé dans leur cœur toutes les tendresses et tous les dévouements du foyer domestique. Ainsi, l'échelle des peines se trouvera rompue, et les effets de la mort civile paraîtront d'autant plus insignifiants que la perversité du condamné sera plus grande.

En France, autant qu'ailleurs, on porte loin le dévouement aux institutions dont dépend l'avenir de la famille et de la société. La magistrature elle-même ne cesse de donner l'exemple de son respect pour le mariage, par la résistance énergique et sage que ses décisions opposent aux demandes en séparations de corps. Il serait temps que le législateur s'élevât au niveau de cette tendance et rayât du code une loi si peu en harmonie avec les mœurs de notre époque et dont les effets vont jusqu'à rompre, sans utilité, le plus nécessaire des contrats.

Le mort civilement ne peut contracter un mariage qui produise aucun effet civil. S'il trouve une femme à laquelle il sache inspirer une affection assez vive pour qu'elle ne soit point arrêtée par la honte de partager son sort, il pourra sans doute faire bénir cette union par le ministre de son culte ; mais sa femme ne s'élevera pas à la condition d'épouse légitime et ne sera que sa concubine aux yeux de la loi. Il ne pourra donner le jour qu'à des bâtards ; triste effet d'une loi qui enveloppe des innocents dans le crime et dans la peine du coupable !

Cependant, il est un cas où le mariage du mort civilement peut produire des effets civils ; c'est lorsqu'il est contracté de bonne foi par l'autre époux. Ainsi, lorsqu'une femme, ignorant qu'un homme a été condamné à la peine capitale ou à celle des travaux forcés à perpétuité, unit son existence à la sienne, le mariage produit les effets civils tant à son égard qu'à l'égard des enfants qui en naissent. D'où la conséquence que les avantages qui ont été affectés à cette femme par son contrat de mariage ne peuvent lui être contestés. Quant aux enfants, ils sont légitimes, et s'ils ne succèdent pas à leur père, parce qu'il est incapable de transmettre sa succession, ils succèdent à leur mère et à tous leurs parents, même à ceux de la ligne paternelle. La question d'état des enfants reste donc subordonnée à une question de bonne ou de mauvaise foi de l'un des conjoints, légitimes, si leur père a trompé leur mère, bâtards, si le mariage a été contracté avec la connaissance du vice qui l'entachait. N'y a-t-il pas dans cette alternative plus d'injustice que de bienveillance de la part du législateur qui accueille ou repousse les enfants par des considérations qui devraient leur être étrangères ?

Il y a des fonctions civiles ou politiques, qui, par leur nature et par le caractère de moralité et de dignité qu'elles supposent dans celui qui les exerce, sont incompatibles avec la condition d'un homme qui a été frappé d'une condamnation infamante. Ainsi, la fonction de témoin dans un acte authentique ou devant un tribunal; ainsi, celle de tuteur, d'expert, de juré, d'électeur. Comment confier à un individu qui s'est souillé d'un crime, la garde de la jeunesse et des biens du mineur ! Quelle valeur d'exactitude et de sincérité pourrait donner à un acte celui à la parole duquel les magistrats n'ont pas cru, lorsqu'il protestait de son honneur et de son innocence ! Comment faire dépendre la solution d'un procès du témoignage d'un homme que

la cupidité ou un sordide intérêt a rendu capable des
plus grands forfaits ! Quelque digne que soit de faveur
la situation des tiers, réduits peut-être à un témoignage
unique, pour faire la preuve d'un fait qu'ils tiennent à
établir et qui voient ce témoignage leur échapper, mieux
vaut que leur intérêt en souffre que d'exposer la justice
à puiser ses convictions à une source impure. Mais il
était inutile de recourir à la fiction de la mort civile,
pour expliquer l'exclusion du condamné de la jouissance
de certains privilèges. L'indignité que le crime et la
peine lui font encourir est la véritable cause de cette
exclusion. La condamnation à la peine des travaux forcés
à temps, de la détention, de la réclusion et du bannissement, qui n'emporte pas la mort civile, place néanmoins le condamné dans les liens d'une interdiction
connue sous le nom de *dégradation civique* qui offre la
plus grande analogie avec quelques-uns des effets de la
mort civile et qui serait suffisante pour les cas mêmes
où les peines les plus graves sont prononcées (1).

Nous croyons avoir assez insisté sur les caractères de
la mort civile et les conséquences qu'elle entraîne après
elle, pour pouvoir dire avec M. Rossi : « En tant que
« peine frappant les innocents, cette interdiction est

(1) *Code pénal*, art. 28, 20, 30, 31, 31.

« injuste; en tant que peine frappant les coupables,
« elle n'en est pas une; enfin, en tant que peine indi-
« rectement infamante, elle a tous les vices de ce mode
« de punition. »

Il manquerait à cette esquisse un des traits principaux,
si nous nous dispensions d'examiner à quelle époque
commence la mort civile, soit que la condamnation ait
été contradictoire, soit qu'elle ait été par contumace.
C'était, dans notre ancien droit, une question très-con-
troversée que celle de savoir si la prononciation de la
sentence suffisait pour opérer la mort civile, ou si au
contraire l'exécution était nécessaire pour qu'elle commençât. Richer soutenait que si le condamné venait à
mourir depuis la prononciation et avant l'exécution, il
avait conservé tous les droits de citoyen. Les raisons
qu'il donnait à l'appui de son sentiment étaient celles-ci :
« Un homme ne peut pas savoir qu'on le rend incapable
« de contracter avec la société, si on ne le lui apprend :
« c'est ce qui se fait par la prononciation de son juge-
« ment. La société, de son côté, ne peut connaître
« l'incapacité de cet homme, si on ne la lui notifie ; et
« tant qu'elle sera dans l'ignorance à cet égard, elle
« continuera de le regarder comme un de ses membres,
« avec qui elle peut valablement contracter. Or, cette
« notification n'a lieu que par l'exécution du jugement

« qui est publique et se fait à la face de la société (1). »
Le code civil a adopté cette opinion ; l'article 26 en effet
décide que : « les condamnations contradictoires n'em-
« portent la mort civile qu'à compter du jour de leur
« exécution, soit réelle, soit par effigie. » Mais ces
expressions de la loi , *à compter du jour de leur exécution*,
ont soulevé plusieurs difficultés. D'abord , faut-il entendre les mots *à compter du jour de leur exécution*, dans
un sens inclusif ou exclusif? C'est-à-dire, la mort civile
commence t-elle le jour même de l'exécution, ou ne
commence-t-elle que le lendemain? On est surpris que
cette question ait pu s'agiter , car comment raisonna-
blement supposer que la loi ait voulu faire survivre la
capacité du condamné à l'exécution qui le prive de la
vie civile et permettre qu'un homme mort civilement
aujourd'hui à midi , pût recueillir une succession qui
s'ouvrira quelques instants avant l'expiration du même
jour. Cela revient à dire qu'un homme qui est mort
peut faire les actes d'un vivant. Il n'est donc pas douteux
que la mort civile doit commencer le jour même de
l'exécution. Mais ici , se rencontre une difficulté plus
sérieuse. La mort civile est-elle encourue dès le commencement du jour? N'est-elle encourue, au contraire,

(1) Richer , p. 149.

que du moment précis de l'exécution? Le législateur,
il est vrai, ne dit pas : à compter du moment de l'exécution ; il dit : à compter du jour de l'exécution. Des
auteurs graves, parmi lesquels se distingue Merlin (1),
interprétant la loi par son texte, au risque de mécon-
naître le principe de la non-rétroactivité et de faire à la
nature des choses cette violence qu'un effet existe avant
sa cause, prétendent que la mort civile remonte au
commencement du jour. On comprend tout l'intérêt
d'une pareille question ; car suivant que l'on assignera
le point de départ de la mort civile à la première heure
du jour ou à celle de l'exécution, ou bien la succession
du condamné se sera ouverte pour un de ses parents,
ou bien le condamné lui-même aura recueilli la succession de ce parent décédé après le commencement du
jour, mais avant le moment de l'exécution. Si, comme
l'observent d'autres auteurs, on veut ne pas faire com-
mettre au législateur une inconséquence, en ce que
l'effet préexisterait à la cause, et une injustice, en ce
que le condamné serait privé de succéder et de transmettre avant l'exécution de sa condamnation, il faut
interpréter la loi non par son texte, mais par son esprit
et ses motifs, et dire que la mort civile n'étant que la

(1) Vo *Mort civile*, § 1er, art. 5.

suite de la peine et la peine ne commençant qu'au moment de l'exécution, c'est à ce moment d'exécution seul que peut et doit remonter la mort civile.

Maintenant, il importe d'examiner en quoi consiste l'exécution du jugement et à quel moment ce jugement peut être considéré comme exécuté. L'exécution varie suivant la nature des peines. Qu'un condamné à la peine capitale vienne à mourir dans le trajet de la maison de justice à l'échafaud : sera-t-il mort, jouissant de tous ses droits civils, *integri statús ?* Evidemment oui; la mort civile, dans ce cas, ne frappe qu'avec le coup de la mort. Elle n'est ni dans les apprêts de la funèbre toilette, ni dans l'ébranlement du char qui emporte le condamné vers le lieu de l'exécution, ni dans les préparatifs qui précèdent le supplice : elle commence où la vie cesse. Si la peine est celle des travaux forcés à perpétuité, l'exécution commence au moment où le condamné entre au bagne. Avant le décret du 12 avril 1848, qui a aboli l'exposition publique comme une peine qui dégrade la dignité humaine, les auteurs étaient divisés sur la question de savoir à quel moment commençait l'exécution de la condamnation aux travaux forcés à perpétuité. Quelques-uns, se fondant sur l'article 22 du code pénal qui assujettit les condamnés aux travaux forcés à perpétuité à l'exposition publique, d'une manière absolue et sans laisser aux juges une faculté de dispense, considéraient l'exposition comme un mode d'exécution de la peine des travaux forcés à perpétuité. Cette opinion reposait sur une erreur; car si l'exposition était l'accessoire de la condamnation aux travaux forcés à perpétuité, elle ne pouvait cependant se confondre avec elle et n'en restait pas moins distincte et séparée. Cette question, au surplus, n'a point d'utilité aujourd'hui.

L'exécution d'une condamnation contradictoire est ou réelle, si le condamné est sous la main de la justice, ou par effigie, s'il est parvenu à s'échapper. Avant l'ordonnance criminelle de 1670, le mode d'exécution par effigie différait suivant les provinces. Dans quelques-unes, on se contentait de faire publier la sentence par un crieur public; dans d'autres, l'exécution consistait dans la suspension sur une place publique d'un tableau sur lequel le condamné était dépeint et la sentence écrite. L'ordonnance de 1670 introduisit un mode général et uniforme d'exécuter les jugements contre les condamnés absents: elle voulut que les effigies et les tableaux fussent attachés dans la place publique (art. 16). Aujourd'hui, cette exécution s'opère au moyen d'un extrait du jugement de condamnation affiché, par l'exécuteur des jugements criminels, à un poteau planté au milieu d'une des places publiques de la ville chef-lieu de l'arrondissement où le crime a été commis (1).

L'exécution réelle ou par effigie est constatée par un procès-verbal. Ce procès-verbal doit être, sous peine de cent francs d'amende, dressé par le greffier et transcrit par lui, dans les vingt-quatre heures, au pied de la minute de l'arrêt. La transcription est signée par lui, et il est fait mention du tout, sous la même peine, en marge du procès-verbal. Cette mention doit être également signée, et la transcription fait preuve comme le procès-verbal même (2).

Dans le cas où la condamnation contradictoire est exécutée par effigie, la mort civile commence à l'heure même ou est dressé le procès-verbal qui constate que l'extrait du jugement de condamnation a été affiché sur un poteau au milieu de la place publique.

Les inconvénients si nombreux de la mort civile que nous avons signalés apparaissent d'une manière plus sensible encore et plus grave à la suite d'une condamnation par contumace. Il suffit, pour s'en convaincre, d'étudier les effets que la loi attache à chacune des trois périodes, sous l'influence desquelles, l'état du condamné contumax peut être envisagé. La première de ces

(1) C. Instr. crim., art. 472.
(2) C. Instr. crim., art. 378.

périodes est celle de cinq ans qui courent à partir de l'exécution par effigie du jugement. Tant que dure cette période, le condamné conserve la vie civile; mais le mouvement et l'activité de cette vie sont entravés par les mesures d'interdiction que la loi impose à sa personne et à ses biens. « Les condamnés par contumace, seront, « dit l'article 28 du code Napoléon, pendant les cinq « ans, ou jusqu'à ce qu'ils se représentent ou qu'ils « soient arrêtés pendant ce délai, privés de l'exercice « des droits civils. Leurs biens seront administrés et « leurs droits exercés de même que ceux des absents. » Si l'on s'arrêtait à la disposition du second alinéa de cet article, on devrait décider que, conformément aux règles tracées au titre des absents, les héritiers présomptifs du condamné pourront se faire envoyer en possession provisoire de ses biens. Mais cette interprétation n'est pas permise, en présence des articles 466, alinéa 2, 471, 472 et 475 du code d'instruction criminelle; c'est, d'après ces articles, à la régie des domaines, que l'administration des biens du condamné est confiée. C'est à elle qu'il appartient de faire toutes les diligences et démarches nécessaires, pour mettre sous le séquestre les biens du contumax. Le compte du séquestre est rendu à qui il appartient, c'est-à-dire au contumax, s'il se représente ou est arrêté avant l'expiration du

délai de cinq ans, parce qu'alors il est remis en possession de ses biens (art. 20), ou à ses héritiers, s'il n'a
pas comparu dans le délai; car par l'expiration de ce
délai, il encourt la mort civile, il perd la propriété de
tous ses biens et sa succession est ouverte. L'article 28
du code civil dit en termes généraux et absolus que,
pendant les cinq ans, les condamnés par contumace sont
privés de l'exercice des droits civils. Comme la loi ne
fait aucune distinction entre les droits que l'administration des domaines peut exercer au nom du condamné
et ceux que lui seul est capable d'exercer, sans pouvoir
être suppléé, à cause de leur caractère essentiellement
personnel, tels que le droit de tester et de se marier,
il suit de là que, même sous l'empire de la première
période, improprement appelée délai de grâce, le
contumax encourt, par anticipation, une espèce de mort
civile qui anéantit dans sa personne les droits les plus
précieux. N'eût-il pas été plus logique et en même
temps plus digne d'une loi qui consent à ne voir qu'un
simple accusé dans le condamné par contumace qui se
représente avant l'expiration du délai de cinq ans, de
lui permettre de continuer à exercer personnellement
les droits que l'administration chargée de ses intérêts ne
peut exercer à sa place. Mais il n'en est point ainsi, et
en présence du texte rigoureux de la loi, il faut aller

jusqu'à décider que le mariage que le contumax contracterait pendant les cinq ans serait radicalement nul. Il est difficile de dire ce qui domine le plus, dans une disposition de loi qui produit une pareille conséquence, ou de son inutilité ou de sa barbarie.

« Lorsque le condamné par contumace, dit l'art. 29 du « code civil, se présentera volontairement dans les cinq « années, à compter du jour de l'exécution, ou lorsqu'il « aura été saisi et constitué prisonnier dans ce délai, « le jugement sera anéanti de plein droit ; l'accusé sera « remis en possession de ses biens ; il sera jugé de nou- « veau ; et si par ce nouveau jugement, il est condamné à « la même peine ou à une peine différente emportant « également la mort civile, elle n'aura lieu qu'à compter « du jour de l'exécution du second jugement. » On a agité et on agite encore aujourd'hui la question de savoir si les actes civils que le condamné a faits pendant le cours de son interdiction, deviennent valables par l'effet de cette disposition qui déclare le jugement anéanti de plein droit. Des auteurs d'une incontestable autorité n'hésitent point à penser que la comparution du condamné faisant tomber de plein droit le jugement de condamnation avec tous ses effets, l'incapacité est censée n'avoir jamais existé ; de telle sorte que les actes, quoique faits pendant les cinq ans, sont, par l'événement,

devenus valables. Nous voudrions pouvoir adopter cette
opinion comme favorable au condamné ; mais quand on
songe que l'état du contumax résulte moins du jugement
de condamnation que de l'ordonnance de se représenter
ou de prise de corps rendue contre lui, conformément à
l'article 465 du code d'instruction criminelle, ordonnance qui le déclare rebelle à la loi, le suspend de
l'exercice des droits de citoyen et prescrit le séquestre
de ses biens, peu importe, dès lors, que le jugement de
contumace soit anéanti : ce fait ne saurait rétroagir sur
un passé dont le jugement lui-même n'a point été la
cause déterminante.

Aux termes de l'article 31 du code Napoléon, si le
condamné par contumace meurt dans le délai de grâce
de cinq années, sans s'être représenté, ou sans avoir été
saisi ou arrêté, il est réputé mort dans l'intégrité de ses
droits. Le jugement de contumace est anéanti de plein
droit, sans préjudice néanmoins de l'action de la partir
civile, laquelle ne peut-être intentée contre les héritiers
du condamné que par la voie civile.

La deuxième période qui marque l'état du contumax
commence à l'expiration des cinq années et dure quinze
ans, c'est-à-dire, jusqu'à la vingtième année révolue,
à compter de la date de l'arrêt.

Lorsque le condamné par contumace, dit l'art. 30,

4

qui ne se sera représenté ou qui n'aura été constitué
prisonnier qu'après les cinq ans, sera absous par le
nouveau jugement ou n'aura été condamné qu'à une
peine qui n'emportera pas la mort civile, il rentrera
dans la plénitude de ses droits civils pour l'avenir, et à
compter du jour où il aura reparu en justice : mais le
premier jugement conservera, pour le passé, les effets
que la mort civile avait produits dans l'intervalle écoulé
depuis l'époque de l'expiration des cinq ans, jusqu'au
jour de sa comparution en justice.

Il semble que le législateur moderne ait pris à tâche
de surpasser en sévérité le droit ancien. Dans l'ancien
droit, en effet, la sentence d'acquittement, alors même
qu'elle n'était rendue qu'après les cinq ans, depuis
l'exécution du jugement par contumace, faisait considérer
la mort civile comme non encourue, même pour le
passé. « Si le condamné par contumace, qui n'a comparu
« qu'après les cinq ans, avec des lettres pour ester à
« droit, est absous, disait Richer, (p. 533), ou s'il
« meurt naturellement, avant son jugement, il est censé
« rétabli dans la vie civile, comme s'il n'en avait jamais
« été privé : c'est pourquoi on trouve au *Journal des*
« *Audiences* un arrêt du mois de juin 1633, qui a jugé
« qu'un homme condamné à mort par contumace, et
« exécuté en effigie, s'étant représenté et ayant été

« élargi à sa caution juratoire, sans que le jugement
« mît au néant les défauts et contumaces, et étant mort
« en cet état, avait valablement testé. » Sous l'empire
du code civil, au contraire, le condamné contumax
qui reparaît après l'expiration des cinq ans, qui est jugé
de nouveau, et fait éclater et reconnaître son innocence,
ne recouvre la vie civile que pour l'avenir, et, quant au
passé, le premier jugement conserve les effets que la
mort civile avait produits. Les biens que le contumax
possédait au moment où il a été frappé de mort civile et
qui ont été dévolus à ses héritiers, leur restent irrévo-
cablement acquis. Sa rentrée dans la vie civile est
impuissante à reformer les liens de son mariage dissous,
et s'il veut relever l'affection qu'il a conservée pour sa
femme à la hauteur d'un sentiment légitime, il faut qu'il
contracte un nouveau mariage. Ne suffit-il pas d'énoncer
de pareilles propositions, pour enlever à la loi toute
son autorité morale ? Comment admettre, sans la plus
criante des injustices, qu'un homme qui n'a été condamné que parce qu'il n'a pu être entendu et dont la
seule faute est d'avoir désespéré une première fois de la
justice, mais qui, après avoir comparu devant ses juges,
a entendu proclamer par eux son innocence dans un
arrêt solennel, comment admettre que cet homme reste
dépouillé de sa fortune, frappé dans ses affections les

plus douces et soit réduit à se demander avec quelles
ressources il vivra, dans quelle condition il retrouvera
sa femme et de quelle manière il parviendra à rattacher
à sa personne des enfants affranchis par la mort civile
encourue des liens de la puissance paternelle? Etrange
réparation à donner à ce malheureux que de lui pro-
mettre l'avenir pour le consoler de la ruine de son passé,
quand on n'avait qu'à prendre exemple de la sagesse
des anciennes lois et déclarer que la rentrée dans la
vie civile aurait toujours lieu avec un effet rétroactif
qui supprimât la trace et les effets du passé !

La troisième période comprend tout le temps qui
s'écoule depuis l'expiration des vingt ans, jusqu'à la
mort du condamné.

Tout est consommé à l'égard du condamné qui a laissé
passer le délai de vingt ans, à compter de la date de
l'arrêt, sans se représenter. Il a prescrit la peine (art. 635,
code d'instruction criminelle). Il ne peut plus être admis
à se présenter, ni demander à purger la contumace : la
société elle-même a perdu, par la prescription, le droit
de le faire prendre et de le juger. Mais si le condamné
a prescrit la peine prononcée contre lui, il n'a pas prescrit la mort civile qui l'a frappé à l'expiration des cinq
années. La mort civile, en effet, est constamment restée
attachée à sa personne, puisqu'il n'a pas un seul instant

échangé son état de condamné contre la condition d'un simple accusé.

Telle est l'institution de la mort civile et tels sont ses effets. Véritable peine, peine plus sensible peut-être que les peines afflictives elles-mêmes, pour les hommes qui ont conservé dans leur cœur des sentiments nobles et délicats; complétement insignifiante pour les êtres qui ont voué leur vie à tous les genres de crime, elle est inique, parce qu'elle agit en raison inverse de la perversité des condamnés. Non contente de frapper les coupables, elle atteint les innocents, et fait d'une famille entière une caste de parias qui participent de l'infamie de leur auteur et ne comptent plus aux yeux de la société que par les liens de la nature et du sang, les seuls qui n'aient pu être brisés. Cette institution déshonore les codes français; elle doit en disparaître, comme un reste de barbarie faisant tache au lustre d'une civilisation que tous les peuples modernes s'efforcent de prendre pour modèle.

Dieu nous garde, cependant, de vouloir, en demandant l'abrogation de la mort civile, diminuer les garanties de salut et de protection dont il importe de tenir la société entourée! Nous dirons à cet égard ce que M. Taillandier, rapporteur d'une commission chargée d'examiner la proposition de M. Devaux, sur l'abolition de la

mort civile, disait devant la chambre des députés le
15 février 1831 : « Certainement, les auteurs de la
« proposition qui fait l'objet de ce rapport, n'auraient
« jamais eu la pensée de vous la présenter, s'il eût dû
« en résulter que les criminels que la loi punit des châ-
« timents les plus sévères dont elle puisse disposer,
« n'eussent été atteints de la privation absolue de leurs
« droits civils et politiques. On conçoit parfaitement
« tout ce qu'aurait d'immoral une législation qui per-
« mettrait au père enfermé dans un bagne de conserver
« la tutelle de ses enfants, qui lui laisserait la libre
« administration de ses biens, qui ne lui enlèverait pas
« l'exercice de ses droits de citoyen. Mais c'est parce
« que les auteurs de la proposition et votre commission
« ont acquis la certitude que les individus condamnés à
« des peines perpétuelles, pourraient être placés dans
« une entière interdiction légale qui, d'un autre côté,
« n'offrirait pas les contradictions et les fâcheuses con-
« séquences de la mort civile, qu'ils vous engagent à
« supprimer de nos codes cette fiction qui y présente
« un si déplorable contraste (1). »

Quand M. Taillandier parlait ainsi, il avait en vue les
articles 28, 29, 30, 31 et 34 du code pénal. Il suffirait,

(1) *Moniteur*, année 1831, T. 1er, p. 331.

en même temps qu'on déclarerait la mort civile abolie,
de rendre ces articles applicables aux condamnés à la
peine de mort et des travaux forcés à perpétuité, pour
satisfaire, tout à la fois, le vœu légitime de ceux qui vou-
draient voir supprimer une peine contraire à la morale
et les justes craintes de la société qui demande le maintien de ses garanties.

Puisse cette espérance que nous formons, écho
dernier et affaibli de la pensée d'un si grand nombre de
bons esprits, être entendue et accueillie ! Il serait digne
d'un gouvernement qui s'honore d'avoir relevé et fortifié
les institutions qui sont la base de la famille et assurent
l'avenir des sociétés, de compléter son œuvre par
l'abolition dè la mort civile.

29 Décembre 1853.

Lyon. — Imp. Éd. Fleury et Ad. Chevergny.

IMPRIMERIE
DE
Éd. FLEURY et Ad. CHEVERGNY
A
LAON

www.ingramcontent.com/pod-product-compliance
Lightning Source LLC
Chambersburg PA
CBHW050521210326
41520CB00012B/2388